中办印发

《关于在全党大兴调查研究的工作方案》

人民出版社

图书在版编目（CIP）数据

中办印发《关于在全党大兴调查研究的工作方案》. —北京：
　人民出版社,2023.4
ISBN 978 - 7 - 01 - 025577 - 4

Ⅰ.①中… Ⅱ. Ⅲ.①中国共产党-调查研究-方案 Ⅳ.①D267

中国国家版本馆 CIP 数据核字(2023)第 058101 号

中办印发《关于在全党大兴调查研究的工作方案》
ZHONGBAN YINFA GUANYU ZAI QUANDANG DAXING
DIAOCHA YANJIU DE GONGZUO FANG' AN

人民出版社 出版发行
（100706　北京市东城区隆福寺街 99 号）

北京新华印刷有限公司印刷　新华书店经销

2023 年 4 月第 1 版　2023 年 4 月北京第 1 次印刷
开本：880 毫米×1230 毫米 1/32　印张：0.5
字数：5 千字

ISBN 978 - 7 - 01 - 025577 - 4　定价：2.50 元

邮购地址 100706　北京市东城区隆福寺街 99 号
人民东方图书销售中心　电话（010）65250042　65289539

目　录

中办印发
《关于在全党大兴调查研究的
工作方案》

近日,中共中央办公厅印发了《关于在全党大兴调查研究的工作方案》,并发出通知,要求各地区各部门结合实际认真贯彻落实。

《关于在全党大兴调查研究的工作方案》全文如下。

为深入学习贯彻习近平新时代中国特色社会主义思想,全面贯彻落实党的二十大精神,党中央决定,在全党大兴调查研究,作为在全党开展的主题教育的重要内容,推动全面建设社会主义现代化国家开好局起好步。现制定如下工作方案。

一、重要意义

　　调查研究是我们党的传家宝。党的十八大以来，以习近平同志为核心的党中央高度重视调查研究工作，习近平总书记强调指出，调查研究是谋事之基、成事之道，没有调查就没有发言权，没有调查就没有决策权；正确的决策离不开调查研究，正确的贯彻落实同样也离不开调查研究；调查研究是获得真知灼见的源头活水，是做好工作的基本功；要在全党大兴调查研究之风。习近平总书记这些重要指示，深刻阐明了调查研究的极端重要性，为全党大兴调查研究、做好各项工作提供了根本遵循。

　　当前，我国发展面临新的战略机遇、新的战略任务、新的战略阶段、新的战略要求、新的战略环境。世界百年未有之大变局加速演进，不确定、难预料因素增多，国内改革发展稳定面临不少深层次矛盾躲不开、绕不过，各种风险挑战、困难问题比以往更加严峻复杂，迫切需要通过调查研究把握事物的本质和规律，找到破解难题的办法和路径。在全党大兴调查研究，是深入学习贯彻习近平新时代中国特色社会主义思想、感悟这一重要思想的真理力量和实践伟力的必然要求，是深刻领悟"两个确立"的决定性意义、坚决做到"两个维护"的具体实践，是应对新时代新征程前进路上的风浪考验、推进中国式现代化的有力举措，是时刻保持解决大党独有难题的清醒和坚定、回答"六个如何始终"的现实需要，是转变工作作风、密切联系群众、提高履职本领、强化责任担当的有效途径。

二、总体要求

在全党大兴调查研究，要坚持以习近平新时代中国特色社会主义思想为指导，全面贯彻落实党的二十大精神，紧紧围绕党的理论和路线方针政策、党中央重大决策部署的贯彻执行，大力弘扬党的光荣传统和优良作风，突出问题导向和目标导向，促进广大党员、干部特别是领导干部带头深入调查研究，不断深化对党的创新理论的认识和把握，善于运用党的创新理论研究新情况、解决新问题、总结新经验、探索新规律，扑下身子干实事、谋实招、求实效，使调查研究工作同中心工作和决策需要紧密结合起来，更好为科学决策服务，为提高党的执政能力和领导水平服务，为完成新时代新征程的使命任务服务。

在全党大兴调查研究，必须坚持党的群众路线，从群众中来、到群众中去，增进同人民群众的感情，真诚倾听群众呼声、真实反映群众愿望、真情关心群众疾苦，自觉向群众学习、向实践学习，从人民的创造性实践中获得正确认识，把党的正确主张变为群众的自觉行动。必须坚持实事求是，坚守党性原则，一切从实际出发，理论联系实际，听真话、察实情，坚持真理、修正错误，有一是一、有二是二，既报喜又报忧，不唯书、不唯上、只唯实。必须坚持问题导向，增强问题意识，敢于正视问题、善于发现问题，以解决问题为根本目的，真正把情况摸清、把问题找准、把对策提实，不断提出真正解决问题的新思路新办法。必须坚持攻坚克难，发扬斗争精神，增强斗争本领，勇于涉险滩、破难题，知难而进、迎难而上，把调查研究成果转化为推进工作、战胜困难的实际成效。必须坚持系统观念，深入实际、深入基层、深入群众调查了解情况，把握好全局和局部、当前和长远、宏观和微观、主要矛盾和次要矛盾、特殊和一般的关系，前瞻性思考、全局性谋划、整体性推进党和国家各项事业。

三、调研内容

在全党大兴调查研究,要紧紧围绕全面贯彻落实党的二十大精神、推动高质量发展,直奔问题去,实行问题大梳理、难题大排查,着力打通贯彻执行中的堵点淤点难点。各级党委(党组)要立足职能职责,围绕做好事关全局的战略性调研、破解复杂难题的对策性调研、新时代新情况的前瞻性调研、重大工作项目的跟踪性调研、典型案例的解剖式调研、推动落实的督查式调研,突出重点、直击要害,结合实际确定调研内容。主要是12个方面。

1. 贯彻落实党中央决策部署和习近平总书记对本地区本部门本领域工作重要指示批示精神的主要情况和重点问题。

2. 贯彻新发展理念、构建新发展格局、推动高质量发展中的重大问题,推进高水平科技自立自强,扩大国内需求、深化供给侧结构性改革、建设现代化产业体系、落实"两个毫不动摇"、吸引和利用外资,全面推进乡村振兴中的主要情况和重点问题。

3. 统筹发展和安全,确保粮食、能源、产业链供应链、生产、食品药品、公共卫生等安全,防范化解重大经济金融风险中的主要情况和重点问题。

4.全面深化改革开放中的重大问题,重要领域和关键环节改革、推进高水平对外开放中的主要情况和重点问题。

5.全面依法治国中的重大问题,完善中国特色社会主义法律体系、推进依法行政、严格公正司法、建设法治社会等主要情况和重点问题。

6.意识形态领域面临的挑战,推进文化自信自强、建设社会主义文化强国和新闻舆论引导、网络综合治理中的主要情况和重点问题。

7.推进共同富裕、增进民生福祉中的重大问题,巩固拓展脱贫攻坚成果、缩小城乡区域发展差距和收入分配差距的主要情况和重点问题。

8.人民最关心最直接最现实的利益问题,特别是就业、教育、医疗、托育、养老、住房等群众急难愁盼的具体问题。

9.牢固树立和践行绿水青山就是金山银山理念方面的差距和不足,推进美丽中国建设、保护生态环境和维护生态安全中的主要情况和重点问题。

10.维护社会稳定中的重大问题,防灾减灾救灾和重大突发公共事件处置保障短板,处理新形势下人民内部矛盾和强化社会治安整体防控的主要情况和重点问题。

11. 全面从严治党中的重大问题,落实党的领导弱化虚化淡化、党组织政治功能和组织功能不够强,干事创业精气神不足、不担当不作为,应对"黑天鹅"、"灰犀牛"事件和防范化解风险能力不强,形式主义、官僚主义,特权思想和特权行为等重点问题。

12. 本地区本部门本单位长期未解决的老大难问题。

四、方法步骤

在全党大兴调查研究,分为6个步骤。

(一)提高认识。各级党委(党组)要通过理论学习中心组学习、读书班等,组织党员、干部深入学习领会习近平总书记关于调查研究的重要论述,学习习近平总书记关于本地区本部门本领域的重要讲话和重要指示批示精神,继承和发扬老一辈革命家深入基层调查研究的优良作风,增强做好调查研究的思想自觉、政治自觉、行动自觉。

(二)制定方案。各级党委(党组)要围绕调研内容,结合本地区本部门本单位实际,广泛听取各方面意见,研究制定调查研究的具体方案,明确调研的项目课题、方式方法和工作要求等,统筹安排、合理确定调研的时间、地点、人员。党委(党组)主要负责同志要亲自主持制定方案。

(三)开展调研。县处级以上领导班子成员每人牵头1个课题开展调研,同时,针对相关领域或工作中最突出的难点问题进行专项调研。要坚持因地制宜,综合运用座谈访谈、随机走访、问卷调查、专家调查、抽样调查、统计分析等方式,充分运用互联网、大数据等现代信息技术开展调查研究,提高科学性和实效性。要深入农村、社区、企业、医院、学校、新经济组织、新社会组织等基层单位,掌握实情、把脉问诊,问计于群众、问计于实践。要转换角色、走进群众,了解群众的烦心事操心事揪心事,发现和查找工作中的差距不足。要结合典型案例,分析问题、剖析原因,举一反三采取改进措施。要加强督查调研,检查工作是否真正落实、问题是否真正解决。

(四)深化研究。全面梳理汇总调研情况,运用习近平新时代中国特色社会主义思想的世界观、方法论和贯穿其中的立场观点方法,进行深入分析、充分论证和科学决策。特别是对那些具有普遍性和制度性的问题、涉及改革发展稳定的深层次关键性问题,以及难题积案和顽瘴痼疾等,要研究透彻、找准根源和症结。在此基础上,领导班子交流调研情况,研究对策措施,形成解决问题、促进工作的思路办法和政策举措,确保每个问题都有务实管用的破解之策。

（五）解决问题。对调研中反映和发现的问题,逐一梳理形成问题清单、责任清单、任务清单,逐一列出解决措施、责任单位、责任人和完成时限。对短期能够解决的,立行立改、马上就办。对一时难以解决、需要持续推进的,明确目标,紧盯不放,一抓到底,做到问题不解决不松劲、解决不彻底不放手。

（六）督查回访。各级党委（党组）要建立调研成果转化运用清单,加强对调研课题完成情况、问题解决情况的督查督办和跟踪问效;领导干部要定期对调研对象和解决问题等事项进行回访,注意发现和解决新的问题。

五、工作要求

（一）加强组织领导。各级党委（党组）要高度重视调查研究工作,作出专门部署,科学精准做好方案设计、过程实施、监督问效等各个环节工作。党委（党组）主要负责同志负总责,抓好本地区本部门本单位调查研究的推进落实;

班子其他成员各负其责,抓好分管领域和分管单位的调查研究工作。领导干部要带头开展调查研究,改进调研方法,以上率下、作出示范。

(二)严明工作纪律。调查研究要严格执行中央八项规定及其实施细则精神,轻车简从,厉行节约,不搞层层陪同。要采取"四不两直"方式,多到困难多、群众意见集中、工作打不开局面的地方和单位开展调研,防止嫌贫爱富式调研。要加强调研统筹,避免扎堆调研、多头调研、重复调研,不增加基层负担。要力戒形式主义、官僚主义,不搞作秀式、盆景式和蜻蜓点水式调研,防止走过场、不深入。要在调查的基础上深化研究,防止调查多研究少、情况多分析少,提出的对策建议不解决实际问题。对违反作风建设要求和廉洁自律规定的,要依规依纪严肃问责。

(三)坚持统筹推进。对表现在基层、根子在上面的问题,对涉及多个地区或部门单位的问题,上下协同、整体推动解决。统筹当前和长远,发现总结调查研究的有效做法和成功经验,完善调查研究的长效机制,使调查研究成为党员、干部的经常性工作,在全党蔚然成风、产生实效。

(四)加大宣传力度。充分利用党报、党刊、电视台、广播电台、网络传播平台等,采取多种多样的宣传形式和手段,大力宣传大兴调查研究的重要意义和各地区各部门各单位大兴调查研究的具体举措、实际成效,凝聚起大兴调查研究的共识和力量,营造浓厚氛围。